RÉCIT

DE TOUTES

LES INONDATIONS

DE LYON,

D'après des Documents authentiques,

PAR M. KAUFFMANN;

ACCOMPAGNÉ D'UNE CARTE DES LIEUX INONDÉS EN 1840,

DRESSÉE PAR M. DIGNOSCIO.

LYON.

CHEZ TOUS LES LIBRAIRES,

ET AUX BUREAUX DU *CENSEUR*,

GRANDE RUE MERCIÈRE, 32.

1840.

Lyon n'est jamais sourde aux cris de la souffrance ;
A l'enfant qui grelotte elle ouvre son manteau ;
Toujours, toujours sa main, réchauffant l'espérance,
Au bienfait qui s'épuise en ajoute un nouveau.
Les femmes ont donné leur brillante parure,
Les perles de leur front, dont le prix s'est doublé ;
Le bal des douces nuits par le bienfait s'épure,
Et des gerbes de fleurs naît un épi de blé.

KAUFFMANN.

LYON. — IMPRIMERIE DE BOURSY FILS, RUE DE LA POULAILLERIE, 19.

RÉCIT

INONDATIONS DE LYON.

Il faut remonter à plus de douze siècles dans notre histoire pour retrouver le souvenir de la première inondation qui affligea Lyon descendue lentement des collines de Fourvière et de Saint-Sébastien dans l'isthme où elle est assise. Bien des fois depuis elle eut à subir de pareils désastres; nul siècle n'a passé sans y imprimer une trace de dévastation; bien des travaux ont été faits pour l'en préserver, bien des digues et des quais ont été élevés, mais on a agi avec timidité ou avec inexpérience; il semble que le malencontreux prophète qui a prédit que Lyon périrait par l'eau ait soufflé son esprit sur les édiles chargés de mettre cette ville à l'abri des inondations. Aucun d'eux n'y a réussi; les leçons du passé ont été perdues pour nous.

Avant de retracer les désastres de la dernière inondation, il ne sera pas sans intérêt de rappeler en peu de mots celles qui l'ont précédée. Ce sont des dates de malheur qu'il faut graver en lettres de deuil dans notre histoire; il est probable que si on les eût consultées plus souvent, nous n'aurions pas aujourd'hui à déplorer les désastres qui viennent de nous frapper. Elles sont enregistrées ici pour l'enseignement de l'avenir.

Dans l'automne de 580, de grandes pluies firent grossir

le Rhône et la Saône qui se joignirent au-dessus de Saint-Nizier et brisèrent les murailles de la ville qui étaient vers la rue Lanterne. Les habitants s'enfuirent à Saint-Just et à la côte de Saint-Sébastien. La plaine des Brotteaux fut entièrement couverte par les eaux. On ne put faire les semailles. Les eaux passaient par-dessus les ponts.

En 1196, deux mois de pluie amenèrent les mêmes désastres.

En 1408, nouveaux débordements, nouveaux malheurs. Lyon fut exemptée pour quatre ans du tiers des droits des aides.

En 1476, l'eau fut assez forte pour emporter une arche du pont de la Guillotière ; on peut juger des ravages qu'elle dut faire dans la plaine.

En 1501, une autre arche du même pont fut enlevée.

En 1570 eut lieu la plus terrible des inondations. L'eau arriva à l'improviste à onze heures du soir, le 2 septembre. Le Rhône et la Saône se réunirent dans la ville sur la place des Jacobins. Tous les habitants du quartier de Saint-Jean se réfugièrent à Saint-Just et à Fourvières ; trois arches du pont de la Guillotière furent enlevées, et le faubourg fut presque entièrement renversé. Beaucoup de personnes furent écrasées sous les ruines.

En 1572, l'inondation eut une autre cause. Le Rhône et la Saône gelèrent, et quand le dégel arriva, les eaux inondèrent la ville et firent de grands ravages.

En 1602, la Saône déborda, et neuf jours durant, du 18 au 27 septembre, elle continua de croître ; l'eau touchait presque à la circonférence des arches du Pont-de-Pierre. Tous les quais, depuis Serin jusqu'à Ainay, furent inondés. L'église des Augustins, aujourd'hui Saint-Louis, leur cloître, aujourd'hui la Martinière, l'église des Jacobins, englobée aujourd'hui dans les bâtiments qui sont à droite de la Préfecture, et l'église des Célestins, aujourd'hui le théâtre, furent envahis par les eaux. Plusieurs corps de bâtiments de l'Arsenal éboulèrent ; l'eau envahit la place de Bellecour. Heureusement le Rhône ne grossit pas.

En 1608 ce fut encore le dégel qui occasionna l'inondation.

En 1711, de longues pluies et une grande quantité de neige firent croître le Rhône et la Saône. Celle-ci grossit beaucoup le 11 février. Quelques jours après de nouvelle pluies et un vent chaud qui fit fondre la neige éleva les eaux des deux rivières à une grande hauteur ; elles crûrent avec rapidité du 20 au 26 ; les eaux dépassèrent de deux pieds la hauteur de 1602. Le Rhône passa par la rue de l'Hôpital ; les rues de la Grenette, Mercière et Raisin furent inondées. Le portail de l'église de la Charité fut couvert par plus de six pieds d'eau. Les portes de Vaise, de Serin et de Saint-Georges furent baignées par les eaux. L'eau touchait la dernière arche du Pont-de-Pierre du côté du Change.

Dans les églises des Augustins, des Jacobins, les tombes furent soulevées ; le 25 les eaux s'élevaient dans le cloître des Augustins jusqu'au-dessus des pierres d'appui. Tout le clos fut inondé. Le pont Volant fut enlevé. L'élévation dura dix jours. L'eau monta sur le quai Saint-Antoine à trois pieds de hauteur de la porte de la maison Saint-Antoine. Le faubourg de la Guillotière eut beaucoup à souffrir.

Les pertes furent grandes. Beaucoup de bois, de blé, de marchandises, furent emportés. La maison de l'arsenal fut détruite par le torrent. Le travail cessa partout. Beaucoup de boutiques furent forcément fermées ; de grandes quantités de vin furent perdues ; tous les puits de la ville restèrent long-temps corrompus.

Ce fut une des inondations qui causa le plus de ravages.

En 1756, nouvelle inondation par les deux fleuves qui se joignirent sur la place de Bellecour. Villeurbanne eut vingt-cinq maisons emportées.

En 1767, débâcle des glaces.

En 1783, le 15 janvier, la Saône emporte le pont de la Mulatière.

En 1787, la Guillotière et les Brotteaux sont inondés par le Rhône et forment un lac.

En 1789, la débâcle des glaces amena, le 15 janvier, d'affreux désastres. Une manufacture d'indiennes, une fabrique de boutons, une de chocolat, la traille des Cordeliers furent emportées. Le pont de Serin fut mis en pièces.

En 1801, le 30 et le 31 septembre, le Rhône déborda sur nos quais, aux Brotteaux et à la Guillotière. L'eau n'était pas montée si haut depuis 1756.

En 1805, le 4 mars, la Saône déborde et occasionne de grands ravages.

En 1812, dans la nuit du 17 au 18 février, les eaux du Rhône s'elevèrent à 4 mètres 70 centimètres au-dessus de l'étiage. D'affreux ravages eurent lieu à la Guillotière ; la Grande-Rue était traversée par un courant d'une effroyable rapidité ; plusieurs personnes périrent.

En 1820, le 23 janvier, la débâcle de la Saône amena une inondation qui causa de grands sinistres. Beaucoup d'usines furent enlevées. Vaise et les rives de la Saône jusqu'à Collonges eurent beaucoup à souffrir.

En 1825, le Rhône fit encore d'affreux ravages. Des radeaux qu'il entraîna se mirent en travers du pont Morand et en enlevèrent quatre arches. Les Brotteaux et la Guillotière éprouvèrent de grandes pertes.

1840.

Du 28 Octobre au 19 Novembre.

Avant de commencer le récit des événements, j'ai cru devoir placer ici le tableau suivant qui, indiquant la hauteur au-dessus de l'étiage de tous les quais et de tous les ponts de Lyon, permettra au lecteur d'embrasser d'un coup d'œil toutes les parties inondées et servira à l'intelligence de faits qui ont pu paraître inexplicables au premier moment. On comprendra du reste que la hauteur de chaque point est calculée sur l'étiage réel du point lui-même, l'étiage pris au pont de la Guillotière ne pouvant pas être celui du pont Morand attendu la pente du Rhône, l'étiage du pont d'Ainay ne pouvant pas être celui du pont Seguin attendu la pente de la Saône.

Pour rendre les calculs plus faciles il suffira de se souvenir qu'il y a du pont Morand à celui de la Guillotière une pente de $0^m,35^c$; de ce dernier à celui de la Mulatière une pente de 1 mètre 96 centimètres, entre les zéros des échelles. et du pont de Serin à celui d'Ainay une pente de 1 mètre 12 centimètres.

HAUTEURS AU-DESSUS DE L'ÉTIAGE

DES PORTS, DES QUAIS ET DES PONTS DE LYON.

SUR LE RHONE.

QUAIS DE LA RIVE DROITE.

Cours d'Herbouville.	$8^m,50^c$
Quai Saint-Clair (au plus bas). . .	5, 20
Quai de Retz id.	5, 10
Port des Cordeliers.	4, 80

Quai Bon-Rencontre. . . . . . . de $5^m,20^c$ à $6^m,00^c$
Quai de l'Hôpital. 6, 00
Quai de la Charité 6, 00
Chaussée Perrache. . . . . . de   5, 50 à 6, 00

QUAIS DE LA RIVE GAUCHE.

Quai en amont du pont Morand . .   5, 50
Cours Bourbon (inégal) . . . . de   3, 00 à 6, 00

PONTS.

Pont Morand, sous les poutres, de   6, 00 à 8, 56
Pont Lafayette, sous les arcs, de   6, 50 à 8, 25
Pont de l'Hôpital, sous le tablier, de   6, 20 à 7, 20
Pont de la Guillotière, inégal, mais de beaucoup au-dessus du précédent.
Digue de la Tête-d'Or, en perré. . $3^m,50^c$
   Id.   id.   en terre . .   6, 00

SUR LA SAONE.

QUAIS DE LA RIVE DROITE.

Quai de l'Observance 7, 20
Quai de Flandres (inégal). . . de   6, 00 à 7, 20
Quai de la Baleine (au plus bas). .   5, 65
Quai de l'Archevêché 5, 70
Quai de Saint-Georges, projeté . .   5, 70
Quai des Étroits 5, 90

QUAIS DE LA RIVE GAUCHE.

Quai d'Halincourt. 6, 00
Quai Saint-Benoît (au plus bas) . .   5, 85
Port Neuville. 7, 68
Quai Saint-Vincent 6, 15
Quai d'Orléans 7, 00

Quai Saint-Antoine (au plus bas) . .	$5^m,00^c$ (en constr.)
Quai des Célestins	6, 00
Quai de l'Arsenal (au plus bas) . .	5, 70
Quai d'Occident	5, 90
Cours Rambaud	5, 90

PONTS.

Pont de la Gare	10, 50
Pont de Serin (l'arche la plus élev.),	7, 60
Passerelle Saint-Vincent.	8, 90
Pont de la Feuillée.	8, 60
Pont du Change, inégal, mais plus élevé que le précédent.	
Pont Seguin (au milieu).	8, 31
Pont Tilsitt.	7, 85
Pont d'Ainay, rive gauche.	6, 99
Id. rive droite	7, 73
Pont de la Mulatière,	
Par rapport à l'étiage ancien . .	8, 20
Par rapport à l'étiage nouveau. .	7, 45

Ce pont, par sa position en biais, ayant produit un changement de régime et un relèvement du lit de la rivière.

Le Rhône venait de rentrer dans son lit après une crue qui avait inondé la Guillotière par la grève située entre le pont Lafayette et le pont de la Guillotière. La digue de la Tête-d'Or avait fléchi, mais des travaux habilement dirigés l'avaient soutenue, et les Brotteaux, inondés seulement par les eaux qui refluaient, n'avaient pas eu de grands malheurs à déplorer. Le plus grand mal avait été l'interception des voies de communication. La dernière quinzaine d'octobre fut marquée par des pluies fréquentes, mais le vent du nord soufflait et faisait espérer, lorsque, le mercredi 28, le vent tourna au midi et la pluie commença à tomber avec violence et sans discontinuer. Les neiges qui couvraient les Alpes fondirent sous un vent chaud et sous la pluie qui les lavait. L'Arve, qui, après avoir quitté la vallée de Chamounix, parcourt une portion de la Savoie et se jette dans le Rhône au-dessous du lac de Genève, arrivait grossie de tous les torrents sortis des glaciers ou descendus des montagnes. Le Rhône était enflé par les pluies et par tous ses affluents, depuis la Valserine jusqu'à la rivière d'Ain; il s'éleva rapidement.

Le vendredi 29, il était à une grande hauteur; son courant était d'une violence extraordinaire; vers huit heures du soir, trois moulins, une usine à aiguiser et une usine à blanchir les étoffes sont enlevés de la chaussée Perrache où ils stationnaient, et emportés par le courant qui a brisé les cordages et les chaînes qui les retenaient; les gardiens et les hommes employés dans ces usines parviennent à s'échapper.

Ce n'est là que le présage des malheurs qui attendent la cité.

Les Brotteaux et la Guillotière étaint déjà inondés par la grève dont j'ai parlé tout-à-l'heure et qu'on s'obstine à ne pas revêtir d'un quai entre les ponts de la Guillotière et La-fayette. Des courants assez forts s'étaient établis sur le cours Bourbon et dans la Grande-Rue de la Guillotière; par malheur le Rhône ne s'arrêta pas à ce point; il continua á s'éle-ver dans la nuit avec rapidité. L'eau courait à Lyon sur les quais Saint-Clair, de Retz, Bon-Rencontre, de l'Hôpital; elle pénétrait dans les rues adjacentes qui, à partir des Ter-reaux, sont moins élevées que les quais.

Vers deux heures du matin la digue de la Tête-d'Or fut emportée sur une longueur d'environ 100 mètres, et le Rhône se précipita par cette large brèche.

On se rappelle que dans l'hiver de **1836-37** une crise commerciale laissa un grand nombre d'ouvriers inoccupés. Afin de leur donner du travail et du pain, le gouvernement fit élever, sous la direction des ponts et chaussées, la digue de la Tête-d'Or destinée à préserver de l'inondation les Charpennes, Villeurbanne, les Brotteaux et la Guillotière. Cette digue, qui a six mètres au-dessus de l'étiage du Rhône, traversait le Grand-Camp (*). Plus tard le génie militaire voulut rendre le Grand-Camp tout entier aux manœuvres de la garnison de Lyon; il brisa la partie de la digue qui le traversait et la raccorda en le laissant hors de l'enceinte, entre le Rhône et la digue. La portion de digue élevée par le génie, rompant la première ligne pour se rejeter en arrière, eut nécessairement une partie perpendiculaire au Rhône qui permettait au courant d'aller avec violence heurter la partie inférieure qui la joignait et qui avait dès-lors à supporter un immense effort des eaux. C'est en effet cette dernière partie qui a été rompue et emportée. Le courant dut être extrêmement violent, car il ne reste pas la moindre trace des ouvrages. Un point de la digue en maçonnerie du pont Morand fut aussi renversé à la jonction de cette digue avec celle de la Tête-d'Or. Je ne cite ce fait que pour être plus exact, il fut sans importance sur l'inondation.

Le bruit s'est répandu que la portion de digue rompue ne l'avait pas été par les eaux, mais par des habitants du village de Vaux-en-Velin. Un officier du génie qui faisait une ronde dans la nuit du 30 au 31 a vu en effet des hommes armés de pioches et de pelles travaillant sur la digue; ils se sont enfuis à son approche. Cet officier a fait son rapport; des mandats d'amener ont été décernés;

(*) Champ ordinaire des grandes revues et des grandes manœuvres militaires.

la justice informe. Nous apprendrons sans doute la vérité.

Quelques mots sur la position du village de Vaux expliqueront l'action imputée à des habitants, si elle est vraie, et le bruit qui s'en est répandu, s'il y a eu méprise.

La digue élevée sur la rive gauche du Rhône est sur quelques points assez éloignée du fleuve; elle part de la Tête-d'Or dont elle a pris le nom et se dirige sur Jonage, couvrant ainsi la partie de Villeurbanne qui est au-dessous des balmes viennoises, les Charpennes, les Brotteaux et la Guillotière; mais elle laisse en dehors, entre elle et le Rhône, le Grand-Camp et le riche village de Vaux.

Avant l'élévation de la digue, Vaux était inondé dans toutes les grandes crues; quand elle a été construite, l'opinion s'est promptement répandue dans la commune que l'eau venant battre contre la digue et ne trouvant pas d'issue refluerait et submergerait la commune. Si, dans de telles craintes, des habitants de Vaux ont voulu couper la digue, ils ont tenté de commettre un crime dont rien n'aurait pu réparer les suites; mais l'administration ne fut pas absolument exempte de reproches.

La digue de la Tête-d'Or a été élevée aux frais du gouvernement et des communes qu'elle doit mettre à l'abri. La ville de Lyon elle-même y contribua autant à raison des grandes propriétés des hôpitaux qu'elle devait couvrir que dans un but d'humanité. On offrit alors à la municipalité de Vaux d'enfermer le village dans l'enceinte de la digue, si elle voulait contribuer aux frais que nécessiterait le parcours de ce périmètre. Les dépenses étaient considérables, la commune répondit qu'elle manquait de fonds, et le village fut laissé en dehors. Tout cela fut fait très-légalement, mais ce n'est pas moins une faute que d'avoir mis toute une population aux prises avec le danger réel ou imaginaire de tout perdre et la tentation de se sauver en perdant les autres.

La vérité se fera jour sur le fait lui-même. Il a été sans résultat, et dans le malheur on est heureux de n'avoir pas à déplorer un crime. La rupture de la digue s'est faite à une lieue de Vaux, à l'entrée du Grand-Camp, précisément dans la partie postérieurement construite ; les coupures que les habitants de Vaux ont essayé de faire ont dû l'être derrière le village, puisque c'est là qu'ils ont été vus par l'officier de ronde. Il ne faut donc attribuer la rupture qu'à la violence des eaux. La partie de la digue construite en dernier lieu n'offrait pas autant de sécurité que les autres. Les premières parties furent élevées avec beaucoup de soin, les terres furent tassées et pilonnées. La terre du Grand-Camp ne parut pas aux ingénieurs propice pour les gazonnements ; ils firent apporter de la terre végétale et en firent un revêtissement de 50 à 60 centimètres sur lequel furent posés les gazons. Peut-être n'a-t-on pas pris les mêmes précautions pour la dernière partie. Il faut se souvenir qu'elle avait une immense pression à supporter, que quelques semaines auparavant elle avait fléchi sous l'effort d'une crue moins considérable et n'avait été sauvée que par de prompts secours. Dans la nuit du 30 les secours ne vinrent pas.

Aussitôt que la digue fut rompue, le Rhône s'élança par la brèche, comme une lave solide, haute de plusieurs pieds.

Ce fut un moment solennel d'horreur et d'angoisses. Le mugissement des eaux était horrible ; elles tombaient en cascades dans les vastes fossés, emportaient les maisons de pisé ou de briques, couraient sur les grands chemins, contournaient avec fracas les lourdes et hautes maisons des Charpennes, établissaient à l'entour des courants auxquels rien ne résistait. De loin en loin on entendait le bruit des boîtes tirées pour prévenir d'un danger auquel il n'était plus possible de se soustraire. La Tête-d'Or, les Charpennes, la Cité du Rhône, Villeurbanne, les Brotteaux, la Buire, la Guillotière, la Mouche furent envahis par des masses profondes. Durant tout le reste de la nuit on n'entendit que des cris de détresse qui se perdaient dans le bruit des flots. Impossible de porter secours; on n'avait rien prévu, rien préparé; les bateaux manquaient aux citoyens dévoués, on n'avait pas songé à organiser des compagnies de pontonniers. Partout, dans la partie inondée, on avait regardé le niveau des eaux de 1812 comme la plus grande hauteur qu'elles pussent atteindre; toutes les constructions avaient été faites pour résister à des eaux pareilles, et on dormait tranquille, plein de sécurité, sans que personne soupçonnât qu'elles pourraient s'élever plus haut. Les citoyens durent donc suppléer à tout.

Les malheureux dont les maisons étaient envahies grimpaient sur les toits, d'où ils faisaient entendre des cris affreux, appelant des secours qui ne venaient pas. Cependant de courageux citoyens étaient accourus; ils brisaient les chaînes du petit nombre de barques qu'ils pouvaient trouver et les emportaient dans les champs inondés; ils construisaient à la hâte, à la lueur des torches, de frêles radeaux sur lesquels ils allaient s'élancer. Mais pendant ce temps les maisons tombaient. Combien ont été ensevelis sous les ruines! Beaucoup se sont enfuis dans l'eau emportant leurs enfants pour tout bien. Beaucoup ont été entraînés par les courants, dont la saulée d'Oullins et la berge de Pierre-Bénite ont arrêté les cadavres. On a vu des malheureux au nombre de neuf se réfugier sur le même arbre; bientôt les eaux en battirent le pied...; il résista et on put les sauver.

Le jour vint éclairer cette scène de désolation; c'était le

samedi 31 octobre; la matinée fut affreuse. Le Rhône croissait toujours; il avait une lieue de largeur. Toute la plaine était couverte; pas un chemin étroit, pas un large cours dans lequel ne se fût établi un rapide courant qui rendait tout passage dangereux, qui minait et emportait tout. Les eaux venaient jusqu'aux abords de la place Louis XVI par toutes les rues qui rayonnent à l'entour Le cours Morand était abrité par son élévation; mais à son extrémité, à l'endroit où commence l'allée des Charpennes, le Rhône, arrêté par de hautes maisons, se précipitait par les interstices avec un affreux mugissement, et en sortant de ces espèces de gorges, descendait avec une indicible impétuosité dans le chemin de Paphos; sur le cours Lafayette, dans la grande rue de la Guillotière, dans tous les endroits qui présentaient des pentes, il en était de même.

Cette plaine immense est couverte de maisons dont les murs n'ont hors de terre que trois pieds de maçonnerie; le reste est en pisé revêtu de mortier. Quand l'eau arrive au pisé, elle le détrempe et tout s'écroule.

Les bateaux et les radeaux vont rapidement d'une maison à l'autre chercher les malheureux habitants en proie au plus vif désespoir. Les premières heures se passent ainsi; l'eau montait toujours; les maisons tombent, non pas une à une, mais par longues files. Le cours Bourbon, les autres cours parallèles au Rhône sont bordés encore de débris; on compte plus de cinquante maisons tombées sur les terrains de l'hôpital; autour du château de Saint-Amour, lui-même à demi emporté, plus de trente maisonnettes disparaissent sans presque laisser de trace. Une maison de quatre étages toute en maçonnerie perd un de ses flancs; le reste est encore en l'air qui attend un coup de vent pour tomber. La digue insubmersible du port en aval du pont de la Guillotière est minée et brisée par la violence des flots, et par cette brèche s'établit un courant qui renverse des maisons et se jette dans la Gare. Sur quarante maisons à la Buire, il n'en reste que deux.

Cependant des sauvetages s'établissent de tous côtés. De pauvres gens dont les demeures sont écroulées vont disputer aux flots et aux pans de murailles qui vacillent encore les débris de leurs chétifs mobiliers. Une pluie froide tombe à flots ; les malheureux dépossédés sont trempés. On voit des femmes dans l'eau jusqu'à la ceinture ; tous déposent leurs effets sur la voie publique ; il n'y a pas un hangar, pas un abri à leur disposition. C'est un spectacle déchirant.

Quelques-uns des malheureux qui habitent des maisons à demi détruites opposent de la résistance à ceux qui vont les chercher et refusent de les suivre. Deux des bateliers improvisés à qui la population doit tant de reconnaissance trouvent un homme sur le seuil d'une maison déjà en ruines. Ils le pressent de venir avec eux. — « Où voulez-vous que j'aille, dit le malheureux ? Ma femme vient d'être emportée par le courant, mes deux enfants sont noyés ; ce n'est pas la peine de vivre comme ça, je reste ici. » Les bateliers en s'éloignant voient la maison s'écrouler sur lui.

Un citoyen dévoué parcourait le cours Bourbon avec deux bateliers dont les efforts venaient difficilement à bout d'empêcher la barque de se briser contre les arbres ; ils allaient recueillir les habitants dans leurs demeures envahies par les eaux. « Vous avez donc peur ? » leur crie un de ces hommes confiant dans la solidité de sa baraque, ou plein d'une fatale insouciance, ou cachant le désespoir sous l'apparence de la sécurité. Il fallut s'éloigner sans lui. Le lundi matin le même citoyen et les mêmes bateliers parcouraient le même cours, examinant les désastres. « Voyez-vous, lui dit l'un d'eux, la maison où nous sommes venus avant-hier ? — Oui, elle est tombée ; et l'homme ? — Il est là. — Comment, là ! — Oui, dans ce trou ; quand l'eau décroîtra, nous trouverons son cadavre. »

Sur le chemin de la ferme de la Tête-d'Or, un vieux tailleur allemand, nommé Hermann, habitait avec son chien une petite cabane de bois, haute comme une guérite, qu'il avait plantée là, derrière la haie. Dans la nuit, son chien se mit à aboyer et sauta sur le lit. Hermann, éveillé en sursaut, entend un bruit étrange, s'élance de sa couche et se trouve sur le plancher les jambes dans l'eau. Épouvanté, il monte sur sa table, bientôt elle chavire ; il grimpe sur sa commode, le toit est si bas que le pauvre vieux, tout courbé, touche le plafond avec le dos ; la commode est mise en mouvement par l'eau qui croît toujours, Hermann tombe. Il n'y avait plus de salut pour lui s'il restait là, il se jette à la nage, s'accroche à la haie, le courant l'emporte ; il nage encore et saisit une branche de saule, la branche casse ; il nage de nouveau et enfin atteint un arbre, l'étreint avec force et demeure là, le pauvre vieillard de soixante-dix ans, en chemise, dans l'eau, jusqu'au matin à huit heures que le nommé Dumont vient le sauver dans son bateau. Sa cabane, enlevée sans être démolie, avait passé dans le chemin, tout près de lui.

A Champ-Fleuri, sur le chemin de Villeurbanne, dans une maison bâtie à l'italienne au milieu d'un jardin charmant, habitaient deux personnes, le mari et la femme. Quand l'eau envahit le jardin, ils firent entendre des cris de détresse ; on vint à leur secours avec un bateau ; mais ils espérèrent et ne voulurent pas quitter leur habitation. Quelques heures plus tard, la maison, quoique élevée à plusieurs pieds, était envahie par les eaux, la hauteur de la maçonnerie était

2

dépassée, le pisé était atteint, la maison tremblait ; les mal-heureux époux coururent sur la terrasse et poussèrent de nouveaux cris, mais alors il s'était établi dans le chemin un courant d'une effrayante rapidité, personne ne vint ; la terrasse craquait sous leurs pieds ; on les vit se jeter dans les bras l'un de l'autre et tomber ; la maison s'affaissait. Il n'en reste pas vestige. Les deux cadavres se retrouveront peut-être dans un coin du jardin où l'eau en tourbillonnant les aura jetés.

Dans la nuit une femme qui avait perdu son mari et son enfant s'échappe de la maison où on l'avait recueillie et se précipite dans le Rhône du haut du pont de la Guillotière.

Mais n'anticipons pas. Le Rhône croît jusqu'à deux heures et s'arrête.

Il était alors :

Au pont Morand. . . . à 5^m,57^c au-dessus de l'étiage.

Au pont de la Guillotière à 5^m,48^c.

Dans la grande inondation de 1812, il était monté :

Au pont Morand. . . . à 5^m,22^c.

Au pont de la Guillotière à 5^m,20^c.

Au pont Morand 35 centimètres de plus et au pont de la Guillotière 28. A cette heure la plus grande partie des quais sont couverts depuis la barrière Saint-Clair jusqu'au pont de la Guillotière. La circulation est interrompue dans beaucoup de rues ; les banquettes de la place des Tilleuls sont re-couvertes ; on circule en bateaux sur la place de la Charité; plusieurs affaissements ont eu lieu à l'église des Cordeliers ; la presqu'île de Perrache est en grande partie couverte d'eau, des maisons s'écroulent au Champ-de-Mars.

A dater de ce moment le Rhône commence à décroître ; il se retire après avoir renversé 231 maisons dans la plaine de la Guillotière, 61 dans la partie nord, 170 au sud, fait des victimes dont le nombre est encore ignoré et réduit au plus affreux dénuement plusieurs centaines de familles. Mais ce n'est point assez de malheurs pour notre cité, le Rhône ne quitte nos rues que pour les céder à la Saône qui va causer d'autres ravages plus tristes encore, plus irréparables.

Une grande quantité de neige était tombée dans les froids prématurés de l'automne sur les montagnes des Vosges et du Jura, lorsqu'un vent chaud vint les fondre ; à ces neiges fondues se joignirent de longues pluies dans la Franche-Comté et dans la Bourgogne, cet immense bassin dont le peu de pente ne permet aux eaux de s'écouler qu'avec lenteur ; le Doubs, la Grosne, la Seille et tous les autres affluents de la Saône s'étaient élevés à une hauteur extraordinaire ; elle-même commença à croître à Lyon le mardi 27 octobre ; le 30, elle avait envahi la portion la plus basse du quai Saint-Antoine ; le 31 elle en battait les maisons sur quelques points, ainsi que celles du quai Saint-Vincent ; le dimanche 1er novembre la crue continue ; les eaux passent par-dessus le quai de la Gare, envahissent la Claire, les immenses terrains de ce nouveau quartier et la route de Paris par la Bourgogne ; le 2 le débordement était immense. L'eau couvre tout le faubourg et pénètre dans le quartier du Chapeau-Rouge. A cinq heures tombe sur la place de la Croix la première maison qui sera suivie de bien d'autres. C'est le premier acte d'un drame épouvantable.

L'eau gagne le Plan de Vaise ; les quais de Pierre-Scise, de Bourgneuf, de Bondy, de la Baleine, de l'Archevêché étaient couverts en partie par les eaux. Sur la rive gauche, depuis Serin jusqu'au quai Saint-Antoine, tout les quais sont envahis. Le pont de Serin commençait vers deux heures à s'obstruer.

Les habitants du port Neuville et du quai Saint-Benoît, ne pouvant plus aller en bateau sans courir un danger auquel nul marinier ne veut s'exposer, sont obligés, pour ne pas mourir de faim, de sortir de leurs maisons en faisant des chemins dans la montagne des Chartreux ; l'eau commence à monter sur le quai de l'Arsenal nouvellement construit au-dessus du niveau des eaux de 1812. Le 3 la Saône continue à grossir ; elle envahit sur la rive gauche les magasins des quais, le Port-du-Roi, la place des Célestins, la rue de la Préfecture, la rue Ecorchebœuf ; par cette dernière rue, elle passe sur la place des Jacobins, et établit à travers la rue Confort un courant qui va se jeter dans le canal de l'Hôpital qui conduit au Rhône ; bientôt elle pénètre par la place des Jacobins dans le passage de l'Argue ; elle s'avance dans la rue Mercière, dans la rue Grenette où elle établit un courant. La pluie continue à tomber par torrents.

Sur la rive droite toute la rue des Prêtres est envahie ; l'eau monte de six pieds dans les boutiques ; elle couvre les jardins et les terrasses de Saint-Georges qui donnent sur la Saône ; l'eau entre dans les appartements par les fenêtres des premiers étages. La Saône est couverte de débris d'usines, de moulins, de bateaux, de pièces de bois ; la pluie tombe toujours. A deux heures, la passerelle suspendue de Saint-Vincent, si légère et si élégante, est emportée par les eaux qui ont touché le tablier.

Vaise est déjà submergé en partie ; l'eau fait de rapides progrès ; elle couvre les deux routes de la Bourgogne et du Bourbonnais ; elle gagne le quartier neuf, derrière le Chapeau-Rouge ; tout ce quartier est perdu, car toutes les maisons sont en pisé. Le maire parcourt les rues en bateau, invitant les citoyens à quitter leurs demeures, organisant les sauvetages, faisant ses efforts, non pour arrêter les malheurs, chose impossible, mais pour en empêcher de plus grands. Bientôt en effet une immense quantité de maisons s'écroulent ; 239 disparaissent sous les flots ; de nombreuses familles sont réduites à la misère, 2,000 individus ne savent plus où s'abriter. Les hauteurs sont couvertes de femmes emportant leurs enfants. Où vont-ils? ils l'ignorent. Ils gagnent les hauteurs, voilà tout ce qu'ils savent.

Vers quatre heures, plusieurs bateaux de charbon de terre se détachent, viennent heurter le pont suspendu de la Feuillée et font une brèche dans son tablier. Il balance un instant et reprend son aplomb.

A sept heures, on distingue faiblement dans la nuit, sur la rivière, une longue traînée dont la couleur noire tranche sur le gris-jaune des eaux ; ce sont des bateaux de charbon qui se sont brisés contre les ponts , le charbon surnage ; chacun d'eux vaut de cinq à six mille francs. Bientôt on entend du côté du pont d'Ainay un bruit effroyable, mais l'obscurité est si profonde qu'il est impossible d'en deviner la cause. La pluie tombe toujours avec violence. A huit heures, des craquements affreux se font entendre du côté de la Quarantaine, il s'y mêle un bruit aigu. Il est impossible de distinguer si c'est le sifflement des flots ou des cris humains ; on n'en connaîtra la cause que lorsque le jour sera venu.

A dix heures la pluie cesse, la lune brille et éclaire cette scène de dévastation ; on aperçoit alors que les piles du milieu du pont Chazourne viennent d'être enlevées. La maison du restaurateur Mante, *au Vaisseau*, à la Quarantaine, après avoir eu ses pavillons emportés, a été enfoncée par le milieu. Une autre maison en amont du pont a déjà une large brèche.

Il semble que l'inondation ne sévisse pas assez vite et n'emporte pas assez promptement nos maisons ; l'incendie vient s'y joindre. Le feu se manifeste au milieu de la nuit à la barrière de Vaise, dans les étages supérieurs d'une fabrique d'orseille dont le rez-de-chaussée est inondé ; les secours ne peuvent arriver qu'avec la plus grande difficulté. La flamme se reflète sur la Saône qui roule impétueuse sur les deux quais ; les pompiers qui travaillent entendent craquer et tomber les maisons de Vaise ; on marche dans l'eau à la lueur de l'incendie.

Mercredi matin, 4 novembre, commence pour Lyon la journée la plus fatale, soit par le nombre, soit par l'importance des sinistres, l'une des plus tristes qu'une cité puisse compter dans ses annales.

La Saône a continué de croître toute la nuit ; la pluie a cessé, le temps est beau, mais le vent du midi souffle toujours et son influence peut encore faire augmenter la rivière.

Vers huit heures, toute la partie orientale du pont Chazourne est emportée ; le tablier de la petite travée occidentale du pont Seguin est de même enlevé. Les arches occidentales du Pont-de-Pierre sont presque bouchées ; celles du pont Tilsitt sont dans le même état ; le premier se lézarde vers le milieu. Un effroyable craquement se fait entendre dans la charpente du pont d'Ainay ; toutes les personnes qui s'y étaient arrêtées s'enfuient ; on ne le traverse plus qu'en courant. A dix heures, la grande travée du pont Seguin, l'une des plus longues et des plus hardies qu'il y ait en France, est emportée ; de ses quatre colonnes, si élégantes, si coquettes, l'une est renversée, une autre perd son couronnement ; deux restent debout, supportant encore les chaînes d'attache, débris d'un des plus gracieux monuments de Lyon. Les restes du pont Chazourne disparaissent. L'eau s'élance par-dessus le cours du Midi et le cours Rambaud et se précipite avec un affreux bruissement dans les parties basses de la presqu'île. Le tour du Champ-de-Mars, d'où le Rhône commençait à se retirer, est inondé par la Saône ; les maisons respectées par lui s'écroulent en ce moment.

Les eaux s'étendent toujours dans la ville ; elles ont envahi les rues de la Poulaillerie, du Bois, Grenette, que sillonnent des bateaux dans toute leur longueur ; au bout du quai Saint-Antoine on ne voit que la toiture du corps-de-garde de la Mort-qui-Trompe, que la cime des arbres qui l'ombragent. La place des Cordeliers et la place du Concert, que le Rhône vient à peine d'abandonner, sont couvertes et forment un lac au milieu duquel surgit la colonne du Méridien. Sur toute cette ligne, les rues sont traversées par des torrents qui enlèvent et roulent les pavés. Le théâtre du Gymnase ressemble à une grande arche qui a jeté l'ancre sur la place des Jacobins ; la cour de la Préfecture est envahie ; la rue Saint-Dominique, la place des Célestins, la rue Confort, celle de la Belle-Cordière et celle du Bourgchanin le sont également ; l'immense place de Bellecour n'est plus qu'une immense nappe d'eau au milieu de laquelle s'élève bizarrement la statue équestre de Louis XIV. L'eau s'avance du côté de Perrache jusque sur la place Saint-Michel par la rue de l'Arsenal ; elle a franchi les marches de l'église de la Charité.

Cependant on établit des ponts, des bateaux, des radeaux pour transporter les personnes dont les maisons peu solides inspirent quelque défiance. Partout se trouvent des citoyens dévoués qui s'exposent aux dangers pour sauver les autres, qui bravent des courants, passent des jours et des nuits dans l'eau avec un courage à toute épreuve. Les hommes des ports sont admirables de dévouement et de zèle.

Sur le quai de Bourgneuf, des malheureux sont restés dans des maisons adossées à des rochers à pic où l'on ne peut arriver par derrière; des hommes du port bravent les plus grands dangers pour leur porter du pain.

Il y a dans la ville beaucoup d'animation; la foule remplit le peu de rues où l'on peut circuler; un grand nombre de personnes quittent la cité. Sur le quai de la Charité, toutes les voitures, tous les omnibus, toutes les charrettes sont chargés de malles et d'effets; c'est une ville qui déménage. Tout-à-coup une pile du pont de la Mulatière est emportée et entraîne deux arches dans sa chute; une autre pile s'incline et se courbe en siphon renversé, sans tomber. Au sud, il n'y a plus de voie pour sortir de Lyon que le pont d'Ainay. On apprend qu'à Vienne le pont sur le Rhône a été emporté.

De nouveaux bateaux se détachent et périssent; la Saône est couverte de charbon de bois; à la Quarantaine, un bateau à laver est emporté; il détruit ce qui restait du pont Chazourne, trois hommes qu'il entraînait se sauvent sur les débris du pont. L'eau monte toujours, et, chose inouïe jusqu'à ce jour, dont nulle inondation n'a donné l'exemple, la Saône envahit les quais du Rhône, les parcourt, y établit des courants, s'y creuse des lits profonds, et se jette dans le fleuve par le port des Cordeliers, le quai Bon-Rencontre, la place et le quai de la Charité.

Et, comme si nul épisode ne devait manquer à ce drame terrible, le torrent de la rue Port-Charlet, en brisant le port des Cordeliers, sillonne profondément le vieux cimetière de cette église, met à nu les squelettes et fait rouler dans le Rhône les crânes et les ossements qui dorment là depuis des siècles.

Pendant toute cette journée, la ville n'est plus qu'un

vaste lac depuis Saint-Nizier jusqu'à la rue Sala, depuis le cours du Midi jusqu'à la Mulatière. Tout le faubourg de Serin est submergé ; les entrepôts de vin, son unique richesse, s'écroulent ; quelques pièces roulent dans la rivière, d'autres sont défoncées dans la chute des bâtiments ; les pertes sont immenses.

A Vaise, la fabrique d'orseille n'a pas cessé de brûler ; Vaise n'a pas une maison à l'abri des eaux depuis la Claire jusqu'au pied de Gorge-de-Loup. Tout le quartier neuf, au-dessous de Champ-Vert, n'existe plus. On peut compter qu'en ce moment il y a, soit dans la ville, soit dans les faubourgs, au moins cent mille personnes dont les maisons sont inondées. La population de Vaise a reflué vers Saint-Just. Il faut la nourrir. Une quête de viande faite chez les bouchers les alimente pendant deux jours.

A Serin, beaucoup de ménages n'ont pas eu d'autre ressource que de s'établir en plein air dans les bois de la colline. Sur toute la ligne des beaux quais de la Saône, si vifs, si animés quelques jours auparavant, dans les rues inondées, toutes les fenêtres sont fermées, il n'y a pas l'ombre d'existence, tout a fui ; c'est une affreuse chose que cette solitude dans une ville dont tous les monuments sont debout ; c'est à navrer le cœur de ceux qui circulent forcément en bateaux dans ces rues inanimées.

Le jeudi 5, la Saône a continué de croître durant la nuit ; à sept heures du matin elle atteint la hauteur de 7 mètres 35 centimètres à l'aval du pont Tilsitt ; à l'amont, il y en a plus de 8 mètres. Le désastre est arrivé à son dernier terme ; la Saône n'a presque plus de débris, tant elle a emporté d'usines et de bateaux les jours précédents ! La consternation pèse sur la ville, il n'y a plus d'animation, plus de curiosité, c'est partout une morne stupeur ; c'est le neuvième jour de la crue de la Saône ; elle vient d'atteindre, au pont Tilsitt, 7 mètres 41 centimètres. Si une nouvelle période de croissance commence, il y en a pour neuf jours encore et alors il est impossible de calculer les malheurs qui nous accableront. On attend avec une affreuse anxiété.....

En ce moment de danger, et par conséquent de trouble, les idées les plus dangereuses sont émises ; on parle fortement de creuser des tranchées sur les quais, sur les places et dans les rues qui aboutissent au Rhône ; on espère par là empêcher l'inondation en établissant des courants ; on ne réfléchit pas qu'il coule dans la Saône en ce moment plusieurs milliers de mètres cubes d'eau par seconde et qu'on en ferait à peine déverser, par ces tranchées, quarante ou cinquante mètres. On ne songe pas que ces tranchées une fois ouvertes, rien n'empêchera la rapidité du courant de les agrandir et d'affouiller les fondations des maisons. Heureusement des hommes de l'art sont consultés et détournent de ce projet dont l'exécution serait fatale.

L'exemple de la rue Port-Charlet vient confirmer leur réponse et apprendre ce qu'il faudrait espérer de ce moyen.

La journée est morne ; enfin vers le soir la décroissance commence. A huit heures elle était de quelques centimètres. A dix heures éclate le plus violent orage ; la pluie tombe à flots ; l'anxiété renaît. Dans la nuit la décroissance continue, mais avec une lenteur désespérante.

Depuis ce jour la Saône se retire, mais lentement ; les endroits qu'elle abandonne offrent le plus pénible, le plus douloureux spectacle. Les devantures ont été brisées, l'intérieur des magasins est complètement dévasté, tout a été entraîné ou semble avoir été mis au pilon, les marchandises sont perdues ou avariées ; les pertes sont considérables.

mais on ne les connaîtra pas de long-temps, on ne les saura jamais toutes.

Les particuliers n'ont pas souffert seuls. Nos quais sont dévastés. Le parapet du quai de l'Arsenal a été renversé sur une longueur de plus de 100 mètres; le trottoir, le quai eux-mêmes ont été profondément remués. L'abreuvoir de la rue des Colonies est brisé, le pavé en a été enlevé et roulé en monceaux vers la Douane. Le pont du Change a éprouvé des dommages tels qu'il a fallu en interdire le passage par mesure de sûreté. Le quai d'Orléans est dans le même état. A la tête du pont de la Feuillée, sur la rive gauche, l'eau a fait une profonde excavation autour de la culée, comme pour la démolir; le quai est affouillé au pied de la maison qui fait l'angle, et pour achever ce tableau, un immense bateau de foin qu'on décharge en ce moment est resté sur le quai mis à sec dont il obstrue la seule partie encore praticable, ainsi que l'entrée du pont. A la tête de la passerelle Saint-Vincent qui n'existe plus, toutes les fondations des culées sont dénudées à une grande profondeur. De ce point à Serin l'eau couvre encore tout et il est impossible de constater les désastres. A la tête du pont de Serin, sur la rive gauche, l'eau a creusé une tranchée large et profonde; le pavé du pont a été emporté dans quelques parties et le tablier mis à nu, les piétons seuls y peuvent passer encore à l'aide de quelques planches, en sorte qu'aujourd'hui 17 novembre, jour où nous écrivons ces lignes, il n'y a sur cette immense ligne de la Saône, depuis le Palais-Royal jusqu'à Serin, qu'un pont pour les voitures et deux pour les piétons.

Il est impossible de se faire une idée du spectacle qu'offrent les rues de Vaise. Il faut le voir et s'en souvenir afin d'être disposé à secourir à plusieurs reprises ceux qui ont tant souffert. Les maisons démolies présentent de longues files de ruines, de décombres, de meubles brisés, de pans de muraille encore debout où des rideaux s'agitent, de lits suspendus sur l'abîme, de magasins dévastés ; sur d'autres points, où s'élevait une maison, il ne reste plus qu'un tertre boueux ; le pisé détrempé s'est affaissé ; la Saône a balayé tout le reste. Eh bien ! ce spectacle de ruines et de désolation n'est pas le plus hideux. Ceux dont l'eau n'a pas démoli les demeures, épient le moment où elle les quitte, non point pour en prendre possession, — que feraient-ils dans ces bouges infects, enduits de limon, imprégnés d'une eau qui suinte par toutes les parois ? — mais pour en arracher leurs meubles, leurs ustensiles de ménage, leur linge. Tout cela est couvert de boue, d'une fange noire qu'ils viennent laver dans cette même eau qui s'en va, et étendre ensuite dans la rue, appelant pour les sécher un rayon de soleil qui ne vient pas. Rien ne brise l'âme comme ce spectacle d'hommes, de femmes, d'enfants, les pieds dans l'eau, les mains et les bras couverts de boue, disputant ainsi le peu qui leur reste à l'épouvantable fléau qui les a ruinés. C'est qu'en effet il faut se hâter. Deux fois depuis le jour elle commença à décroître, deux fois elle est revenue couvrir une portion du terrain qu'elle avait quitté. Samedi elle avait crû, avant-hier dimanche le Rhône montait avec rapidité ; durant toute la soirée on entendit les boîtes qui avertissaient du danger ; déjà il couvrait une immense partie des Brotteaux et de la Guillotière ; les bateaux circulaient dans la partie basse du cours Bourbon. Il semble que nos deux fleuves ne veuillent plus abandonner les terrains qu'ils ont envahis.

A Serin, il est impossible de constater encore le désastres ; il y a des maisons tombées, des fenils, des hangars, des entrepôts, mais les ruines sont encore dans l'eau, les quai, sont encore couverts jusqu'auprès de la barrière ; elle est montée sur ce point, qui est à sec aujourd'hui, à 2 mètres 31 centimètres. Dans les clos qui sont au pied de la colline toutes les haies sont couvertes de linge étendu. Dans les jardins il y a encore quelques tentes où les habitants se sont logés comme des arabes, moins le ciel et la chaleur.

A la Guillotière, de tous les côtés, les murs de clôture sont renversés, les uns sur les chemins qu'ils obstruent, les autres sur les jardins qu'ils enfermaient ; c'est un bien triste spectacle que celui de cette boue, de ce limon, de ces débris sur lesquels brillent encore des dalhias et des roses qu'ils ont oublié d'abattre.

Résumé des Sinistres connus.

3 moulins.
1 aiguisage.
1 blanchisserie.
6 bateaux à laver.
1 bateau de poterie.
27 bateaux de charbons pleins ou mi-pleins.
2 id. vides.

Total 41

45 maisons à Lyon, Saint-Georges, Saint-Just.
239 id. à Vaise, recounues au 19 novembre.
231 id. à la Guillotière.

Total 515

Dans ce nombre ne sont pas comprises celles de Serin dont le dénombrement n'a pu être encore fait.

Tous ces malheurs qui nous ont accablés ont jeté d'étranges idées dans une certaine classe de notre population amie, comme on sait, du merveilleux. Comme si les maux qui affligent Lyon n'étaient pas assez grands, quelques personnes n'y veulent voir que le pronostic de maux plus grands encore. Les prophètes courent les rues, répandant leurs sinistres prédictions ; rapprochant les dates des inondations et les dates des guerres de la France, ils s'écrient : GRANDES EAUX, GRANDES GUERRES. Des contes absurdes semés à profusion par des femmes ignorantes contribuent à jeter le trouble dans quelques imaginations. On me permettra d'en redire un afin que les lecteurs puissent juger les élucubrations fantastiques de nos prophétesses.

Vendredi dernier, disent-elles, dans la nuit, un personnage de haute taille passait sur la place de l'Antiquaille, au-dessous de Fourvières, le lieu le plus désert de toute la cité. Le factionnaire, qui se promenait tranquillement à la porte de l'hospice, son fusil au bras, cria : *Qui vive !* Pas de réponse ; il crie encore, même silence. Alors il ne voulut pas tirer, parce qu'il lui sembla dans l'obscurité que c'était une femme. Il cria à la garde et le sergent sortit ; on arrêta la femme, on l'amena au poste ; elle était grande de sept pieds. De la main droite elle tenait une cruche pleine, à son côté était un glaive dans le fourreau, sur son épaule gauche pendait une besace qui n'était pas vide. On vida un peu du liquide contenu dans la cruche, c'était de l'eau ; on tira le glaive du fourreau, la lame en était forte, brillante et bien affilée ; on visita la besace, elle contenait une grande quantité de croûtes de pain. « Êtes-vous une mendiante, dit le sergent, que vous portiez toutes ces croûtes ? N'y a-t-il point de puits sur la montagne de Fourvières que vous y voituriez cette cruche d'eau puisée dans la plaine ? Ce glaive est-il destiné à assassiner quelqu'un ou seulement à vous défendre des passants ? répondez. » La femme répondit : « Je suis ce que je suis, et je le répondrai si haut que toute l'Europe m'entendra. Je porte sur la montagne de Fourvières une cruche pleine d'eau pour verser sur Lyon une nouvelle inondation plus terrible que la première ; je porte des croûtes de pain pour signifier la famine qui va venir ; je porte un glaive, parce que la guerre va éclater parmi vous. Je suis la guerre, la famine et l'inondation. » Quand le sergent et tous les soldats du poste entendirent ces terribles choses, ils n'osèrent plus arrêter la femme qui s'en alla emportant sa cruche, son glaive et ses croûtes, et quand elle fut sur la place, elle s'éleva dans l'air en disant qu'elle reviendrait.

Voilà un des mille contes fantastiques qui circulent aujourd'hui. Si aux choses sérieuses et tristes j'ai mêlé cette rêverie, c'est pour bien peindre l'état dans lequel nous nous trouvons.

Aujourd'hui que les eaux qui ont inondé Lyon et les communes suburbaines ont coulé vers la mer, les champs reçoivent de nouvelles semailles pour remplacer celles que les courants ont emportées ; l'édilité fait réparer les voies de communication brisées par les flots ; les riches font relever leurs maisons tombées ; les ruines disparaîtront ; tout reprendra peu à peu un air menteur de fête et de joie ; mais les pauvres, hélas ! perdus dans la foule de la cité où trop de larmes coulent pour qu'on voie leurs larmes, où trop de cris de détresse se font entendre pour qu'on distingue les leurs, les pauvres souffriront toute leur vie de cet affreux désastre ; mais les commerçants dont le crédit aura été ruiné ne le relèveront pas ; mais les maisons écroulées, les ponts, les bateaux de provisions, les usines emportés représentent un immense capital qui sera perdu sans compensation ; c'est une force active dépensée sans profit, qui, contrairement à toutes les lois d'économie, disparaît sans avoir rien produit; et voilà le mal dont il faut empêcher le retour, sous peine d'exposer la société à des perturbations, car rien dans un pays ne saurait être violemment déplacé sans qu'on en ressente un profond ébranlement.

Les idées vont donc se tourner de ce côté ; on va étudier les moyens de prévenir désormais de semblables catastrophes. L'administration en effet commettrait une grande faute si elle devait se borner à réparer une portion du désastre aussi imparfaitement que le permettent les ressources extraordinaires mises à sa disposition.

Bien des plans vont surgir de nouveau, qui dorment oubliés depuis long-temps; quel que soit le mode qu'on adopte, la promptitude seule donnera de la sécurité et répondra d'un avenir qui peut n'être pas éloigné.

Depuis long-temps on s'applique à prévenir sur la rive gauche les dévastations du Rhône, ses empiétements et les éboulements qu'il occasionne. Cette préoccupation était naturelle à une époque où les riches terres qui avoisinent Lyon ont une valeur assez élevée. Bien des propriétés ont été détruites pendant qu'on délibérait; l'académie de Lyon a fait de l'endiguement du Rhône le sujet d'un concours; la digue de la Vitriolerie, si hardiment et si péniblement jetée au milieu du lit du Rhône, n'est elle-même que la mise à exécution partielle, et sur un point, d'un système d'endiguement général auquel l'administration paraît s'être arrêtée comme moyen de conservation.

Toutefois il convient de parler ici d'un projet fort vaste conçu depuis long-temps et que quelques personnes semblent vouloir ressusciter en ce moment que le danger a vivement frappé les imaginations.

Ce projet consisterait à creuser un canal de déversement parallèle au Rhône, lequel dans les crues élevées, donnant passage à une grande quantité d'eau, diviserait ce fleuve en deux branches, et, diminuant la hauteur de son niveau, préserverait complètement de toute inondation la rive gauche. Il suffirait de construire un quai entre le pont Lafayette et le pont de la Guillotière. Ce canal commencerait à Jonc, contournerait la base des balmes viennoises, enceindrait la commune de Vaux, le Grand-Camp, Villeurbanne, les Charpennes, les Brotteaux, la Guillotière, la Madeleine, et après avoir longé la plaine de Sain-Fonds, irait dégorger dans le Rhône au bas de la montée de ce nom, près de Faisin. C'est, comme on le voit, un gigantesque projet; ses avantages sont compris. Mais il est fort probable que son importance même l'empêchera de réussir. Les difficultés d'exécution seraient vaincues par l'habileté des ingénieurs, mais la grandeur de la dépense formera un obstacle qui sera peut-être insurmontable.

Ce canal, en effet, aurait un parcours d'environ douze kilomètres. On comprend que, pour atteindre le but de sa création qui est de diminuer le niveau du Rhône, il faudrait lui donner une grande largeur, et comme les terres sur lesquelles il devrait passer sont toutes cultivées, à l'exception de quelques communaux entre Vaux et Villeurbanne, il en résulte qu'il faudrait, pour acheter les terrains nécessaires à son creusement, dépenser des sommes considérables.

Il devrait avoir un barrage très-fort en raison de la violence des eaux du Rhône, et sa disposition à changer de lit, dans cet endroit surtout où, pour suivre son lit actuel, il est forcé de faire un angle, tandis que le canal lui en offrirait un tracé en ligne droite; ce barrage sur une grande largeur serait dispendieux.

Outre ces considérations, il serait à craindre que le génie militaire ne voulût pas donner son adhésion à la construction de ce canal. Il répugne, à tort ou à raison, à ce que les forts détachés qu'il a fait élever dans l'immense plaine de la rive gauche soient entourés par un ouvrage qu'une bataille perdue pourrait, en cas d'invasion, mettre au pouvoir de l'ennemi. Nous n'entrerons pas dans une discussion à cet égard; à tous les raisonnements qu'on peut opposer au génie, il répond par une formule sacramentelle : L'INTÉRÊT DE LA DÉFENSE. Essayer de lui prouver que cet intérêt serait parfaitement respecté en adoptant d'autres plans que les siens, serait peine perdue.

On paraît donc devoir s'arrêter, pour préserver de l'inondation la ville de Lyon et la rive gauche du Rhône, à la pensée de relever les quais de Lyon et la digue de la Tête-d'Or, en donnant à celle-ci plus de solidité. Peut-être serait-il convenable d'en faire un chemin de grande communication, qui serait pavé et qui aurait une largeur de 8^{m}50^c; elle pourrait alors résister à tous les efforts. Il est probable que la tentative des habitants de Vaux fera comprendre la nécessité d'enceindre cette commune et de la couvrir par la digue. D'après ce plan, il faudrait nécessairement la prolonger.

Toutefois ce travail serait insuffisant au moins pour une grande partie des Brotteaux, et n'empêcherait pas les eaux d'y pénétrer par la digue en amont du pont Morand, si celle-ci n'était pas élevée. Les eaux pourraient encore y pénétrer par la grève qui s'étend du pont Lafayette au pont de la Guillotière, et établir de violents courants dans la grande rue de la Guillotière, si le cours Bourbon n'était pas exhaussé de manière à faire l'office d'une digue, elle-même à l'abri de toute inondation.

En outre de ces travaux, on creuserait un canal d'enceinte et de navigation qui enceindrait la plaine, de la Tête-d'Or jusqu'à la Vitriolerie ; il serait de cent à cent cinquante mètres en avant de la ligne des forts, toujours par suite des motifs expliqués plus haut, à propos du canal de déversement. Ce canal servirait d'écoulement aux eaux pluviales ; il assécherait les parties basses, mais il ne serait d'aucun secours contre les inondations, quand bien même ce serait un canal de grande section, de $22^m,00$ de largeur. Les digues et les quais seraient les seuls ouvrages qui nous défendraient de l'inondation ; sur les deux rives du Rhône, tous ceux qui ont été envahis par les eaux devraient être exhaussés de 35 centimètres au-dessus du niveau des eaux de 1840, et en comparant leur hauteur à celle à laquelle les eaux se sont élevées aux points qui en sont rapprochés, on jugera de l'importance du travail.

Relativement à la Saône, une simple inspection des lieux suffira pour faire comprendre que Serin et Vaise ne peuvent être défendus que par des quais. Serin est, en effet, resserré entre la Saône et la montagne sur une étendue qui a peu de profondeur. Les richesses amoncelées dans ce quartier, en vins, eaux-de-vie et esprits, et que la dernière inondation vient de compromettre si gravement, feront sentir la nécessité de se hâter. Deux cent trente-neuf maisons écroulées à Vaise, deux mille individus restés sans asile, imposent à l'administration l'obligation de prendre promptement des mesures pour prévenir le retour de semblables fléaux. On ne peut se dissimuler que de ce côté la dépense sera fort considérable, car tout est à faire. Mais, quelque importantes que soient les dépenses nécessitées par ces travaux, cette considération ne peut prévaloir quand il s'agit de préserver la fortune, les habitations, la vie de toute une population.

———

Et maintenant il ne me reste plus qn'à appeler de prompts secours sur tant de malheurs, de prompts soulagements à tant de misères. L'avenir réclame des digues ou des canaux, — la science jugera. — Mais le présent veut du pain pour ceux qui n'en ont pas ; des vêtements, des asiles pour ceux qui n'en ont plus. Oh ! s'il n'y avait qu'une seule de nos quatre communes qui eût souffert, les trois autres viendraient à son aide. Mais toutes ont été frappées par le fléau ; pas une n'a échappé. Le Rhône a fait des Brotteaux une ville saccagée ; la Saône a fait de Vaise une ville déserte ; Lyon, que baignent les deux fleuves, a été ravagée par tous les deux ; la Croix-Rousse, qui les voit aussi tous deux lui tracer des limites, n'avait qu'un point submersible, ce point a été envahi ; ses immenses richesses sont compromises. Triste fraternité de malheur, fatale chaîne d'union, qui réclament de la part de tous des sacrifices nombreux, car les pertes sont immenses.

Pendant huit jours, quatre communes ont vu les eaux, mugissant et tournoyant autour d'elles, monter constamment, briser l'une après l'autre toute espérance, envahir toutes les parties accessibles et renverser les maisons. Quelques-uns de leurs enfants, les plus pauvres, hélas ! qui habitaient les demeures les plus chétives, ont été abîmés dans les flots, ensevelis sous les débris de leurs maisons croulant dans ces flots, sans qu'il fût possible de leur tendre la main ; ni l'eau ni la terre ne leur étaient amies.

Sur un seul point, à Vaise, deux mille individus n'ont

plus de demeures; à la Guillotière, deux mille deux cents restent sans abri; près de six mille ont eu besoin de secours et ont reçu les premiers soulagements. Combien sont dans le même cas à Serin, à Saint-Georges dont les balmes s'écroulent!

Les écoles mutuelles, transformées en asiles, ont recueilli cent cinquante malheureux, l'Hôpital en a reçu cinq cents; les ouvriers de Saint-Just, de la Croix-Rousse, et ceux qui habitent des quartiers à l'abri de l'inondation, ont partagé leurs domiciles, déjà si étroits, avec leurs frères qui ont tout perdu, jusqu'à leur chétif grabat, jusqu'au métier qui les faisait vivre. Nos ouvriers sont pauvres; partager quelques jours avec un si grand nombre, c'est tout donner. Femmes, enfants, tout va se trouver sans ressources, sans vêtements. Qui pourra réparer tant de désastres, effacer la trace de tant de maux? qui donnera du pain à tant de malheureux cet hiver, qui les abritera, qui les occupera? Nous sommes menacés d'une crise industrielle; qui pourra compenser le travail qui va manquer à tant de familles?

Trois puissances, différant entre elles d'organisation, peuvent à ces maux si grands apporter des secours efficaces, les alléger promptement, si elles harmonisent leurs efforts: l'État, la commune, la charité publique.

L'État. — Il dispose des millions du budget; ceux qui nous gouvernent ne sauraient sans crime rester sourds aux demandes si justes, si motivées, des malheureux inondés. Le budget ne doit prendre à tous que pour rendre où les besoins se manifestent. A une époque semblable de désastres causés par l'inondation, le gouvernement remit à Lyon, pendant quatre ans, le tiers du droit des aides.

En apprenant nos désastres, il a demandé aux chambres

un crédit de cinq millions à diviser entre quatre départements; douze cent mille francs pour chacun d'eux. Qu'est-ce pour tant de sinistres, pour tant de maisons tombées, tant de ponts emportés, tant d'usines détruites, de bateaux enfouis, de marchandises perdues! On fera davantage sans doute, on le devine. Il y faudra mettre de la promptitude; attendre c'est doubler le mal; faire attendre, c'est condamner à mourir.

La commune. — Le devoir de la municipalité est de se trouver la première à l'heure du danger, la première encore à l'heure du secours. Elle a payé de sa personne au moment du danger; qu'elle ne s'arrête pas au moment du secours. La mission des conseillers municipaux sera belle, mais demandera le zèle le plus actif, le dévouement le plus grand, l'impartialité la plus complète. A eux de rechercher ceux qui souffrent, ceux qui n'ont plus d'asile, plus de métier, plus de pain; d'organiser les distributions sur-le-champ nécessaires, d'estimer les dommages éprouvés, de juger les besoins auxquels les malheureux sont en proie, de leur rendre un peu d'espoir et de confiance en leur prouvant qu'ils ne sont point abandonnés. Rien ne démoralise davantage le pauvre que l'isolement et l'abandon dans ces moments de désastre; rien n'est plus propre à lui donner du courage que l'intervention paternelle de l'autorité municipale, en raison même de son essence. Déjà elle a voté cent mille francs pour premier secours; elle fera plus encore. A elle aujourd'hui de déléguer des conseillers dans tous les quartiers qui ont été inondés, de prendre promptement les mesures les plus urgentes, de voter bientôt des allocations au fur et à mesure des besoins, de contracter des emprunts, s'il faut en venir là pour faire face aux nécessités pressantes. Pourquoi, afin de ne pas grever trop lourdement le budget municipal,

n'établirait-on pas un impôt qui serait spécialement affecté
à parer aux désastres? non pas un impôt sur la viande, sur
le vin, sur aucun objet de première nécessité, ce serait
ajouter au mal, mais un impôt sur quelque objet de luxe.
Ne serait-ce pas une idée heureuse que celle de faire ser-
vir la satisfaction de besoins factices au soulagement de l'in-
fortune? Les chambres sont assemblées, la loi pourrait être
rendue sur-le-champ.

La charité publique. — Celle-là, nous en sommes sûrs,
ne sera pas en défaut; à Lyon elle est toujours prête dans
les moments de malheur. Combien n'a-t-on pas vu, dans ces
jours d'angoisses, de généreux citoyens s'exposer à de grands
dangers pour aller recueillir les inondés, porter du pain à
ceux qui ne pouvaient sortir de leurs demeures, et prodi-
guer partout secours et consolations! La tâche n'est pas
finie, la charité publique la poursuivra. A elle de donner
les premiers secours, d'appliquer le premier baume sur la
plaie.

Bien des riches ont abandonné la cité dans la crainte
toute naturelle de voir leurs habitations envahies et renver-
sées par le flot, à qui nul n'avait dit : Tu t'arrêteras là!
Aujourd'hui le danger est passé, ils vont revenir; ils n'oublieront pas qu'ils ont pu quitter leurs maisons de ville me-
nacées par l'inondation pour se réfugier dans des villas à
l'abri, tandis qu'il y a une foule nombreuse de pauvres gens
qui ont vu emporter leur unique demeure et avec elle tout
ce qu'ils possédaient, qui avaient mis là le fruit de toutes
leurs épargnes et qui ont tout perdu, et ils les aideront
promptement à réparer le désastre.

A l'approche de l'hiver, leurs femmes qui passent de douces soirées dans les fêtes et les bals, dans des salons bien
chauds, n'oublieront pas qu'il y a d'autres femmes sans

pain, sans feu, sans abri, qui vivaient hier du fruit de leur travail, non pas riches, mais heureuses. Elles dont les beaux enfants sont bien vêtus, bien nourris, bien soignés, elles n'oublieront pas, en les embrassant avec amour, qu'il y a d'autres petits enfants, bien beaux, bien portants, qui n'ont pas de nourriture, plus de vêtements, et dont les berceaux ont été emportés par les flots. Elles n'oublieront rien de tout cela. C'est pour les femmes que le ciel a gardé la plus belle part dans les malheurs publics ; elles seront aujourd'hui à la hauteur de la mission consolatrice que leur donnent les désastres de la cité ; elles viendront promptement au secours de ceux qui souffrent ; elles feront ce qu'elles ont fait tant de fois, ce qu'elles ont fait l'hiver dernier, dans la rude crise que nous avons traversée ; elles commenceront demain, en faisant de leurs mains des vêtements pour les enfants qui n'en ont plus.

Que ces trois puissances, la charité publique, la commune et l'État, concourent donc promptement au même but, qu'elles harmonisent leurs forces pour alléger les maux de la cité ; il n'appartient qu'au temps d'en faire disparaître la trace.

J'ai pensé qu'on lirait avec plaisir les noms de quelques-uns des citoyens qui ont montré du zèle, du dévouement et surtout du désintéressement dans nos longs désastres. Leurs actions se ressemblent toutes, leurs traits de courage sont les mêmes ; le danger était égal partout, partout ils l'ont bravé avec une noble énergie pour sauver ou secourir leurs frères. Je regrette d'en oublier un grand nombre dont je n'ai pu avoir les noms.

LISTE DES NOMS

DES CITOYENS QUI SE SONT DISTINGUÉS

PAR LEUR COURAGE ET LEUR DÉVOUEMENT.

ALLIER (Pierre), marchand de bois, aux Brotteaux.

AUZAS, serrurier-mécanicien, aux Brotteaux.

BLANC (Jean), aux Rivières.

BLANC (Étienne), id.

BROLIQUET (Mathieu), aux Brotteaux.

BRUNET fils, forgeur-mécanicien, à Vaise.

BUISSON, syndic des crocheteurs du Port-du-Temple.

CAPITAN, puisatier, aux Brotteaux.

COLLET dit FORÉZIEN, charpentier, à Vaise.

COLOMB, crocheteur, aux Brotteaux.

DÉCOTE, rue Tupin.

DERVIEUX, place Henri IV.

DERVIEUX cadet, boisselier, aux Brotteaux.

DERVIEUX (Jean), tonnelier, place Saint-Michel.

GACON (Nicolas), aux Rivières.

GARÇON, marinier, à Vaise.

GÉRY (Pierre), rue Tupin.

GRIPPON (Mathieu), aux Rivières.

GRIVET (Jean-Baptiste), aux Brotteaux.

GUILLOT dit BEAUJOLAIS, aux Brotteaux.

HUCHARD (Antoine), aux Brotteaux.

Jacot, crocheteur, à la Mort-qui-Trompe.

Lantillon, rue Sala.

Laurent, crocheteur, aux Brotteaux.

Levrat, crocheteur, aux Brotteaux.

Macotat (Claude), marinier, à Saint-Georges.

Marussier, horloger, place des Jacobins.

Marieton, limonadier, quai des Célestins.

Merk, quai Pierre-Scise.

Millet (Jean-François), aux Brotteaux.

Millet (Laurent), aux Brotteaux.

Paturel, ouvrier en soie, à Vaise.

Percevaux, menuisier, aux Brotteaux.

Pupet (Aimé), à Vaise.

Saint-Just, syndic de la 2ᵉ Cᵉ de Saint-Vincent.

Sanaoze, limonadier, quai Bon-Rencontre.

Sapin (Jean), sablonnier, aux Brotteaux.

Serail, crocheteur, quai des Célestins.

Sorel (François), cabaretier, aux Brotteaux.

Surène, crocheteur, à la Mort-qui-Trompe.

Valaisse aîné, cabaretier, aux Brotteaux.

Vessillieux dit Carpe, aux Brotteaux.

Vourpe (Jean-Pierre), à Saint-Georges.

Ugnon, crocheteur, aux Brotteaux.

FIN.

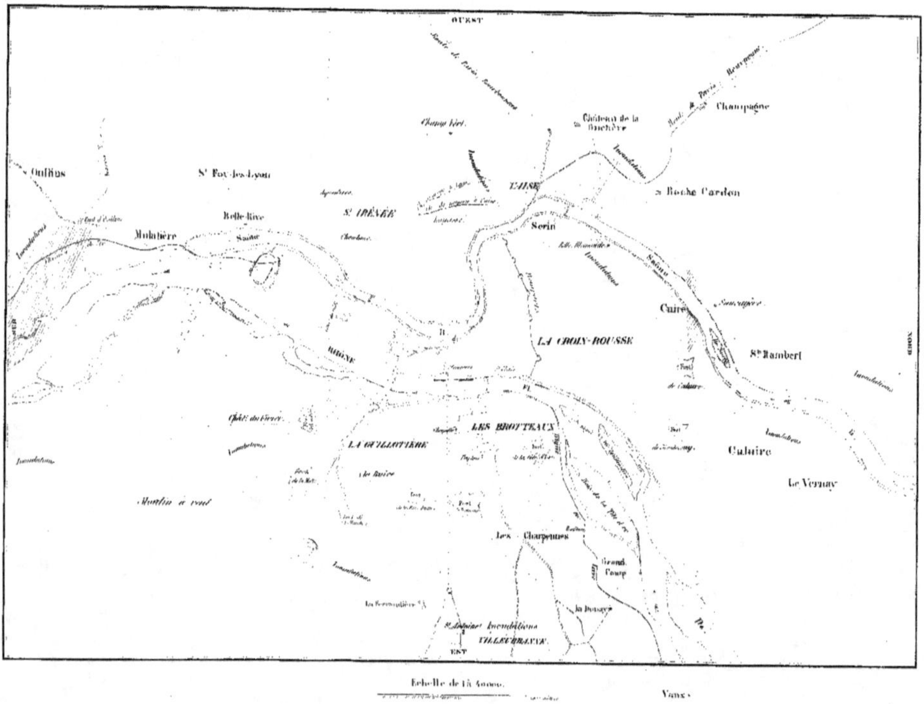

OUEST

Route de Paris Bourbonnais

Champagne

Champ Vert

Château de la Bouchère

L'AISE

Roche Cardan

Oullins

St Foy-les-Lyon

St IRÉNÉE

Serin

Belle-Rive

Molatière

Saône

Caire

St Rambert

LA CROIX-ROUSSE

RHÔNE

Chât. du Verrey

LES BROTTEAUX

LA GUILLOTIÈRE

Caluire

Le Vernay

Moulin à vent

Les Charpennes

Grand Camp

la Doua

Inondations

VILLEURBANNE

EST

Inondations

NORD

Echelle de 1à 4000.

Vaux